Iguana va de paseo

por Michele Spirn
ilustrado por Linda Howard Bittner

Scott Foresman
is an imprint of

Glenview, Illinois • Boston, Massachusetts • Chandler, Arizona
Upper Saddle River, New Jersey

Illustrations
Linda Howard.

Photographs

Every effort has been made to secure permission and provide appropriate credit for photographic material. The publisher deeply regrets any omission and pledges to correct errors called to its attention in subsequent editions.

Unless otherwise acknowledged, all photographs are the property of Pearson Education, Inc.

16 Kim Taylor and Jane Burton/©DK Images.

ISBN 13: 978-0-328-53524-8
ISBN 10:   0-328-53524-9

Copyright © by Pearson Education, Inc., or its affiliates. All rights reserved. Printed in the United States of America. This publication is protected by copyright, and permission should be obtained from the publisher prior to any prohibited reproduction, storage in a retrieval system, or transmission in any form or by any means, electronic, mechanical, photocopying, recording, or likewise. For information regarding permissions, write to Pearson Curriculum Rights & Permissions, One Lake Street, Upper Saddle River, New Jersey 07458.

Pearson® is a trademark, in the U.S. and/or other countries, of Pearson plc or its affiliates.

Scott Foresman® is a trademark, in the U.S. and/or other countries, of Pearson Education, Inc., or its affiliates.

1 2 3 4 5 6 7 8 9 10 V0G1 18 17 16 15 14 13 12 11 10 09

Un día, Iguana quería cruzar el río. Era demasiado profundo y ancho para que Iguana lo cruzara nadando. Iguana sumergió un dedo en el agua. Estaba muy fría.

—¡Oh! —dijo. —Quiero visitar a mi madre. Me va a extrañar si no llego. Vamos a comer juntos. ¿Cómo puedo cruzar el río?

Miró la orilla del río de arriba a abajo en busca de una solución a su problema. Un barquero remó en su bote hacia Iguana.

El barquero le dijo:

—Yo te llevaré al otro lado del río de manera segura. Sé navegar bien el bote. Mi bote es rápido y seguro. Atraviesa hasta las olas grandes.

—¿Cuánto cuesta un viaje contigo? —preguntó Iguana.

—Sólo te costará cinco dólares —le contestó el barquero.

—Es mucho dinero por un viaje en bote —dijo Iguana. —No quiero pagar tanto.

—Nadie navega un bote tan bien como yo, —dijo el barquero. —Deberías hacer el viaje conmigo.

En ese momento, Cocodrilo nadó hasta la orilla del río.

—¿Qué sucede? —preguntó y sonrió, mostrando sus dientes afilados.

—Quiero cruzar el río para ver a mi querida madre —le dijo Iguana. —Me espera para almorzar. El barquero quiere cinco dólares por el viaje. Dice que su bote es rápido y seguro y que puede navegar por olas grandes. Cinco dólares es mucho dinero. No sé si deba gastar tanto.

—Cierto, es mucho dinero —dijo Cocodrilo. —Yo no le pagaría tanto a nadie por cruzar el río. Yo te llevaré al otro lado del río gratis.

—¿Lo harás? —preguntó feliz Iguana.

—Ten cuidado —dijo el barquero. —Los cocodrilos no tienen fama de ser compasivos.

—¿A qué te refieres? —preguntó Iguana.

—Ellos no se preocupan por sus pasajeros como yo. Yo sí soy compasivo. Ya verás —dijo el barquero mientras se alejaba.

   Tal vez deba investigar más antes de aceptar el paseo, pensó Iguana. Le preguntaré a alguien más. Iguana se encontró con un ave en un árbol cercano al río.
   —Ave, tú vuelas por lo alto y probablemente ves mucho desde el cielo. ¿Debo cruzar el río con Cocodrilo? —preguntó Iguana.
   —No lo sé con exactitud —dijo Ave. —Estoy demasiado ocupada volando. Nunca he visto a nadie viajar con Cocodrilo. Debes preguntarle a alguien más.
   Ave se alejó volando.

La madre de Cocodrilo nadó hacia Iguana.
—¿Te dijo mi hijo lo buen nadador que es? ¿Has oído mencionar que ha ganado muchos trofeos por ser tan buen nadador? Es muy maduro para su edad. Nunca juega ninguna de esas travesuras tontas como los otros cocodrilos. Además, ¡es tan adorable! ¡Mira esa carita! Él nunca trataría de engañarte.

Pero Iguana no estaba seguro. Pensó en lo que le había dicho el barquero. Siguió caminando y se encontró con una tortuga.

—Tortuga, ¿crees que debo cruzar el río con Cocodrilo? —le preguntó.

Tortuga comenzó a contestar, pero entonces vio que Cocodrilo los observaba y escondió la cabeza en su caparazón.

—No puedo hablar —dijo Tortuga. —Estoy descansando. Regresa más tarde.

Iguana trató de hablar con los peces en el agua. Seguramente ellos sabrían si hacer el recorrido con Cocodrilo era una buena idea. Pero cuando los peces vieron a Cocodrilo, se alejaron.

Mientras Iguana descansaba en un árbol, pensó en todo lo que había escuchado. El ave no sabía. La tortuga y los peces no querían hablar. Ciertamente, la madre de Cocodrilo estaba orgullosa de él. ¿Sería ella confiable?

Pensó en algo más. El viaje con Cocodrilo era gratis. El barquero pedía demasiado dinero. ¿Qué debía hacer?

El tiempo pasaba y la madre de Iguana lo esperaba.

Si no me voy pronto, llegaré tarde al almuerzo, pensó Iguana. Los mejores insectos se habrán ido y no tendré nada que comer.

Mientras Iguana pensaba qué debía hacer, una joven rana saltó al río.

—Quiero cruzar el río —escuchó decir a la rana. —¿Quién me lleva?

—Yo lo haré —dijo el barquero.

—No, yo lo haré gratis, —dijo Cocodrilo.

Iguana vio que la rana hablaba con el barquero y el cocodrilo. La rana saltaba al frente y atrás. De repente, la rana saltó sobre el lomo del Cocodrilo.

Iguana vio cómo Cocodrilo se alejaba nadando rápidamente con la rana. Cocodrilo nadaba bien y sin problemas. La rana parecía disfrutar el viaje. Iguana pensó que tal vez debía viajar con Cocodrilo.

Entonces, de repente, en medio del río, Cocodrilo volteó la cabeza. Sin advertencia, se comió a la rana de un bocado.

Cuando cocodrilo nadó de regreso a la orilla del río, Iguana lo esperaba. Se aseguró de permanecer lejos de la orilla del río mientras hablaba con Cocodrilo.

—¿Por qué te comiste a la rana? —preguntó Iguana.

—Dije que la llevaría y no le cobraría —dijo Cocodrilo. —Nunca le dije que sería seguro. Tampoco le dije que no me la comería.

Iguana se volteó y corrió hacia el barquero. Le dio cinco dólares.

—¿Qué te hizo tomar mi bote en lugar del viaje gratis? —le preguntó el barquero.

—Más vale prevenir que lamentar —dijo Iguana.

Iguanas como mascotas

Las iguanas pueden ser muy buenas mascotas. Son pequeñas y fáciles de cuidar. No tienes que sacarlas a pasear todos los días, como un perro, ni necesitan jaulas enormes.

Las iguanas necesitan algunas cosas especiales. Las iguanas y otros lagartos necesitan un tanque para vivir. También necesitan mucho calor y luz. Quizás necesiten un lugar para vivir más caliente de lo que a ti te gustaría.

Las iguanas también necesitan un alimento especial. Les gustan los insectos y gusanos. Algunas personas crían grillos, gusanos y otros insectos en su casa. De este modo, siempre tienen alimento para su iguana cuando lo necesitan.